Poésies
à l'ode rose

Préface

Exprimer ses états d'âme par des sentiments romantiques, c'est parler simplement et parfois naïvement de choses que l'on ressent.

C'est embellir, sublimer et idéaliser ces sentiments, c'est les laisser parler plus fort que la raison.

Enfin, c'est également avoir envie et avoir besoin de beautés, quelles qu'elles soient, pour nous permettre de mieux appréhender, ou tout simplement de supporter le monde réel.

Par la lecture de ce recueil, je vous propose de vous laisser envelopper de douceur et de rêve.

Bonne lecture.

Table des matières

8

Les roses

Rose blanche, aux neiges inexplorées pareille,
Candeur apaisante de l'innocence,
Frêle et fragile immaculée,
Vierge de pétales soyeux drapée,
Tu es la blancheur de la pureté.
Tu soulignes, belle fleur,
La jeunesse et la fraîcheur,

Rose Rose, douceur de moments choisis,
Avec raffinement et délicatesse,
Plus foncée sur ta bordure et tes plis,
Ton message, tu délivres avec finesse.
Tu es la subtile beauté,
L'amour tendre, simplement déclaré.

Rose jaune, aux pétales éclatants
Qui s'agitent dans le vent,
Tes frémissements on aime suivre,
Tu es gaieté et joie de vivre.
Ambassadrice de pensées affectueuses,

D'amitiés sincères et sérieuses,
On t'offre en soutien
À l'ami, dans le besoin.

Rose bleue, rare couleur,
Comme l'océan, comme les cieux
De l'azur au ténébreux,
Messagère du mélancolique cœur.
Tu dis, à des amours lointaines,
La sourde et amère douleur,
De celui qui, toujours, aime.
« Un seul être vous manque
Et tout est dépeuplé »
Rose bleu, c'est ce que tu viens formuler.

Rose orange, comme le fruit de la passion,
Tu viens révéler avec effusion
Le tumulte de l'adoration amoureuse,
Et l'attirance ressentie
Pour une personne précieuse,
Qui fait perdre jusqu'à son midi.

Rose rouge, des amours éternelles,
Rose rouge, dite parmi les plus belles,

Faite du sang des langoureux amants,
Prêt à donner leur vie contre un instant.
Enchantement de draps froissés,
Par de tumultueux ébats,
Soupirants ad vitam aeternam attachés,
Unis dans une fougueuse volupté.

Rose bleue à nouveau et encore,
Tu es romantique et poétique.
Il fallait donc que j'honore
De ta couleur, la sémantique.
Liée au rêve, tu es symbole de liberté,
C'est peut-être, pour le poète, que tu as été
créé.

J'ai arraché une épine de chacune de ces roses,
Les ai, à leur tour, trempées dans l'encrier,
Pour écrire cette florale prose,
Que je dédie à l'amour et l'amitié,
À la sérénité et à la paix.

Le jour du milieu

Janvier frileux,
Juvénile hibou,
Jacassement de la pie,
Journal des musiques de la forêt,
Jappements du chien limier
Jeux pour sa vie, se sauver.
Jargon du pas qui crisse,
Jurer quand le pied glisse.
Jaunâtre de l'aurore auréolée
Jeunesse du jour renouvelée
Jamais, ne jamais dire jamais
Jalouser le calme, la paix
Jardin de songes inventés.
Joindre rêve et réalité,
Juste pour exister.
Et ....
Jour du milieu,
Jeudi alors ?
Je dis : à l'or,
Jongleries multicolores,

Juxtapositions d'idées folles
Jaser et danser les mondiales farandoles.
Joies désinvoltes, hors des alvéoles.

Reconnaissance

Nous sommes faits de mille grains,
D'essences étranges et étrangères
Pétris par de nombreuses mains,
Jamais de la même manière.

Dans nos berceaux sont déposés
Les cadeaux de notre lignée.
Héritages parfois lourds
Et pourtant si colorés.

Dans le mien ont été placées
Les valeurs que vous possédiez.
De richesse et d'or, aucunes,
Juste du respect, de l'amour et une plume.
Celle-là même que j'utilise aujourd'hui,
Pour vous reconnaitre et vous dire : merci.
Grace à la manière dont vous m'avez élevée,
Punitions, claques et baisers,
Que d'embûches surmontées avec défi,
Que de moments vécus avec félicité,

Que de sourires égrenés partagés,
De mains tendues attrapées et redistribuées !

J'ai atteint l'âge où tout devient clair,
Où les choses reprennent leur place,
Où l'on peut se regarder dans une glace,
Faire le bilan et être fier.
Bien sûr quelques petites choses clochent,
Mais dans le lot, ce n'était pas si moche !
Et ces peccadilles qui dérangent au fond de soi,
Que l'on met de côté mais que l'on n'oublie pas,
Viendra bien assez tôt le moment du carillon
Où l'on saura, pour ces choses, demander pardon.

Dans chacun des jours de mon enfance
Il était des évidences,
De celles qu'un enfant ne voit pas :
L'amour, l'éducation, l'intelligence,
Oui l'amour était partout, et surtout là,
Dans une famille pauvre, qui vit de tous ses
éclats.
Je viens, très justement, reconnaitre ce que je
vous dois.

Le plaisir de la beauté

Sur ta peau tannée
Tape le fier soleil d'été,
Et tes os, sous sa caresse profonde
Enserrent l'énergie du monde.

Devant tes yeux écarquillés,
L'océan, les bateaux, les soleils couchés,

La magique et divine aquarelle
Des immenses étendues déployées,
Le silence d'une chapelle,
La plage de sable et ses galets.

La brise salée et légère
Passe sa main dans tes cheveux,
Elle te murmure ses prières,
Tu lui confies tes rêves audacieux.

Tu marches et déambules
T'emplissant de l'iode de l'air,
Tu es entré dans la douillette bulle,
De toi s'éloignent les misères.

Les vaguelettes lèchent tes pieds
Sur lesquels l'écume vient sécher.
Tu regardes l'eau disparaître
Et tes pas s'effacer.

Accoudé à la fenêtre de cette réalité,
Tu te dilues dans l'atmosphère
Heureux d'exister, même fier
Et au fond de ton âme, le plaisir de la beauté.

Maminou

- *Je suis là, ne crains rien,*
Je ne bouge pas, Je tiens ta main.

- Toi, mon grand, ne crains rien.
Je suis tellement calme et si bien.
La chaleur de ce lit m'enveloppe,
Ton regard de douceur me réchauffe.
Je me sens légère comme l'antilope,
Mes vieux os délassés sous ces étoffes.

- *Ne parle pas ma Maminou,*
Ton souffle est léger comme la plume
Que L'oiseau laisse tomber au mois d'août.
Baisse tes paupières, repose-toi,
Moi, ton grand dadet, tout contre toi.

- Mes yeux n'ont qu'une envie,
Regarder encore la beauté de mon pays.
Et tandis que la pluie tambourine à mon carreau,
Avoir le privilège d'être à l'abri, bien au chaud.

Vois, au travers de la fenêtre
Les couleurs de l'abricotier,
Qui du vert, passe au jaune et à l'orangé.
Ce vent d'orage le fait frémir,
On l'entendrait presque gémir,
Et ses feuilles, à des mains comparées,
Me saluent, pour mon dernier soupir.
Ce ciel tourmenté d'automne me rappelle ma vie,
Ce qui a été difficile, ce qui a été joli.
As-tu remarqué ce petit coin rose ?
Il m'évoque la peau de mes bambins,
Dans mes bras, petites choses,
J'ai su leur montrer le chemin.
Oh c'est sûr, je n'ai pas toujours fait bien,
Mais j'ai aimé, grand dadet, aimé à en crever.
Et la vie somme toute, m'a été belle,
Riche de mains tendues et d'amitiés,
De rires, de partages, de ribambelles,
Que j'emporte avec moi dans l'éternité.
Maintenant me taire, quel intérêt ?

Cette luminosité, cette clarté,
D'un dernier rayon de soleil égaré !
Pour lui, pour moi, un nuage se sera écarté
Pour que me parvienne sa beauté.

N'aie pas de peine, essuie ta larme,
Tu m'entends bien dans ma fatalité,
Aucun remède, nulle arme.
Juste se laisser porter, se faire bercer.
J'ai bien vécu, j'ai accepté.
Quelle chance de partir voyager
En cette saison douce et colorée.
Maintenant...tu as raison, je suis fatiguée.

- Maminou... Maminou ?
C'est ce rayon de soleil que tu as suivi ?
Maminou, tu es partie ?

Alors je vais me poser,
Respirer profondément et respecter,
Ce début d'automne qui a su mieux que moi,
Te prendre la main du bout de ses doigts,
 Pour te faire voyager vers l'au-delà.
Au-delà des couleurs de ton jardin,
Au-delà du monde des humains.
Maminou, je vais t'avouer comme un gamin...
D'enfant je t'ai aimée,
Ce n'est pas grand secret,
Mais je t'aime pour toujours à en déborder.

Joie de Vivre

Jade blanc des purs matins neigeux
Opale de feu, kaléidoscope de jours
merveilleux
Iolite aux parmes des lilas et violettes de
printemps
Espérite, suggérant l'espoir, pour avancer
sereinement.

Diamant rose, comme les joues de l'enfant
qui dort,
Émeraude, aux verts de tous les naturels
décors.

Valentinite, dont le nom susurre l'amour,
Idocrase, pour chasser les peurs de son soi
intérieur,
Variscite verte, guerrière pour guérir les
peines de cœur,
Rubis au rouge profond, pour un état
d'esprit velours,

Eudialite, somptueusement marbrée de trois couleurs.

Moments précieux autant que les pierres tant convoitées,
Joie de vivre, pour l'instant qui nous est donné,
Pour la beauté des choses, pour les jours irisés,
Pour les parfums de la vie, subtils et délicats
Pour les gris et les moroses, sur lesquels on ne s'attarde pas.
Pour la main que l'on a reçue
Pour tout ce qui passe, puis glisse entre nos doigts
Pour celle qu'on a tendue,
Qui nous remplit de l'amour de soi.

Vivre dans la paix, la reconnaissance
Et n'écouter de notre cœur que la résonnance.

Le pont de Vieussan

Sous le pont de Vieussan
Coule l'Orb.
Et mon âme, comme lui habillée d'or
S'émeut dans la lumière du soir naissant,
Envoûtée par cet irréel décor,
Bercée par le chant doux du courant.

Mes yeux envoutés se repaissent
De ce ciel d'été si bleu
Qui, dans l'eau laisse
Son reflet et ses nuages vaporeux.
Et les arbres, verts contrastant
Se mirent en ces eaux profondes,
Frôlant nonchalamment
La surface, de leurs feuilles d'ombre.

Et planté au cœur de la rivière,
Le vieux pont de Vieussan,
Droit et fier dans ses pierres,
Ses vigoureux piliers s'enfonçant

Au plus profond de la terre,
S'accrochant ainsi au temps.

Ses arches douces arrondies,
En U renversé comme lettre,
Ouvrent de discrètes fenêtres
Sur la colline asséchée qui flétri.

L'impitoyable soleil d'été,
De ce sud aux bruyantes cigales,
A créé, à partir de ce décor jauni,
Un paysage à nul autre égal.

Si tu partais....

Si tu partais déjà..
Oui, déjà, car à tes côtés,
La vie se réinvente et passe
Comme dans un conte de fées,
Dans lequel je m'étire et me prélasse.

De ces années écoulées,
Je n'ai retenu que le miel,
L'ombre bannie au profit du soleil,
Par ta présence et ta beauté.

Que ferais-je si tu partais, là ?
Je vivrais dans une nuit
Sans étoiles, aucun éclat.
Accablé, je serai poursuivi
Par d'innombrables « Pourquoi ? ».
Je perdrais le goût merveilleux
Des choses et des lieux.
Je ne serais plus heureux,
Sans mon autre délicieux.

Aussi, il faut que je te dise,
Que pour toi, je m'éveille chaque jour,
Je ne veux pas que tu minimises
L'intensité de mon merveilleux amour.
Tu es mon astre étincelant.
Continuons notre aventure,
Sur ce vaisseau nommé « le temps",
Qui nous a embarqué, c'est sûr,
Jusqu'à la fin de nos ans.

Le papillon

Il est légèreté,
Suave délicatesse,
Dans les airs parfumés
Du printemps en liesse.
Magnifiquement dessiné
Avec arabesques colorées,
Ses ailes poudreuses
Fragiles et duveteuses,
Le porte dans le vent.

Tout seul ou en bande,
Il danse sa sarabande,
Se penche sur la fraîche fleur,
S'élève vers la lueur
Du soleil qui commence à réchauffer,
Sa robe de soie moirée.

Volute dans le ciel printanier,
Serpentin vivant animé,
Le papillon est le maitre
Des plus belles métamorphoses.
Subtilité jalousée par tout être
Qui à peine supporte et ose,
Les changements de sa vie.

Tes Yeux

Quand tes grands yeux
Sur moi se posent,
Pareils à deux spots lumineux,
Respirer, c'est à peine si j'ose,
Pour ne pas éteindre ce moment merveilleux.

Sans pudeur, ils ont l'audace
De regarder droits dans les miens,
Les secondes, les minutes passent,
Je m'accroche à leur dessin.
Oserais-je t'avouer que dans ces instants-là,
Je n'entends rien, je n'écoute pas ?
Fasciné, par leurs mille éclats,
Perles dans deux précieux écrins,
Transparences, vernis délicats,
Qui changent, comme l'aurore au petit matin.

Sans cesse en mouvement
Pour exprimer tes sentiments,
Ils se cachent derrière une rangée de cils,

Long rideau serré et subtil,
Gardien de leur entrée,
Là, pour protéger et sublimer
Ces joyaux dans leur coffret.

Et lorsque le soir, tu les refermes
Sur une journée bien remplie,
Mes rêves m'enferment
Dans une ambitieuse nostalgie.

Avoir accès à tes images, tes non-dits,
Le cœur serré, douce jalousie.
Pénétrer ces secrets que je suppose,
Te vouloir toute à moi,
Pour enfin ne m'avouer qu'une chose :
Je suis les bras en croix,
Homme à la fois amoureux,
Seul prisonnier de tes yeux.

Jeunesse perdue

Rouvrons le livre de notre vie,
Commençons par le commencement,
Celui où quand nous avions quinze ans,
Je t'avais déjà dit oui.

Rouvrons cet album de belles images,
Dans lequel deux enfants sages,
Assis dans l'herbe d'un pré vert,
Affichent un sourire solaire.

Te souviens-tu de la peau fine
Qui recouvrait alors mes mains ?
Vois aujourd'hui comment s'y dessinent
Les veines de mon grand chemin.

Te rappelles-tu mes longs cheveux,
Dont quelques boucles ornaient mes reins ?
Maintenant courts et moins soyeux,
Ils sont plus rares et gris argentin.

Et ma bouche bien ourlée
Avec son arc de Cupidon,
Aujourd'hui constellée de traits,
Mes lèvres en traits d'union ?

Je me souviens de cette jeune fille,
Qui m'apportait tant de fraîcheur,
Je me souviens de ses yeux qui brillent,
Dans les moments de bonheurs.

Et j'ai beaucoup de chance,
Et tu sais, je le pense,
Car chaque jour, je suis avec elle.
Je l'ai trouvée, d'année en année, plus belle,
Et je suis fier, moi, vieux monsieur,
Qu'elle me regarde encore avec ces mêmes yeux.

Le sac à main

J'aime son parfum vieillot
Fait de cirage et de vieux cuir,
Et dans mes moments fardeau
Avec lui, je glisse sur le vaisseau des souvenirs.

Ce sac à main n'a plus d'âge,
Il ne sert qu'à conserver
Les mots doux, les belles images,
Les photos, les cartes délavées,
Des prospectus de voyages
Aux souvenirs déjà estompés.
Des mots d'amours anciennes dorment encore,
Dans la tiédeur de ce jardin secret,
Ils me rappellent mes aurores,
Je m'évapore dans mes jeunes années.

Je tourne entre mes mains chaque image,
Entends les rires, chante des refrains,
Revois si bien ces beaux visages,
Partis maintenant rejoindre leurs lointains.

Je suis ce sentier de montagne,
Ressens le vent sur la falaise,
Ici, sèchent des pagnes
Là, trône une forêt de mélèzes.
Je m'attendris devant les sourires ébréchés,
De ces petits bouts de moi, mes bébés,
Et laisse mes yeux s'embuer
Devant un visage rieur, tout fripé.

Puis, lentement, avec méthode,
Je referme le voile de toutes mes périodes.
Celles où tout était acquis,
Ou rien n'était vraiment morose,
Puisque nous étions ensemble et unis.
Je range aussi mes sentiments à l'eau de rose,
Réchauffée par ces doux pans de vies.
Et enfin, ne demande qu'une chose :
- Par pitié, tout ! Mais pas l'oubli.

La lune

Chaque soir elle attend
Que la lumière diminue,
Que dans ce ciel éblouissant,
Le silence soit revenu,
Et que scintillent les nimbes,
Dans ces voiles noirs aux doigts crochus,
De toutes les âmes aimées disparues.

C'est alors que timidement
La lune montre son front discret,
Comme accouché de l'océan
Ou par-delà les monts et vallées,
Sur le toit des maisons,
Ou la savane et les déserts en perdition.

Dans le ciel devenu serein,
Quand tout éclat s'est éteint,
Œil qui protège dans le noir,
Vestale au teint diaphane,
Tu t'installes et écoutes le soir,

L'humain qui ahane.

Lune, Dame discrétion,
Muse de tous les poètes,
Que, de nos sentiments, nous ferions
Si nous ne t'avions au-dessus de nos têtes ?
Oh, blanche et câline Séléné,
Qui brille de ta douce clarté,
Entourée des astres de l'obscurité,
Veille, comme tu l'as toujours fait,
Sur l'homme et l'humanité.

Que la lourde tâche qui t'es confiée,
D'apporter les bons conseils
Aux hommes, dans leur sommeil,
Se voit bien récompensée
D'actes doux comme le miel,
D'amour, de partages et d'équité.

Entre chiens et loups

M'assoir encore avec toi
Près de cette onde claire,
À la tombée de la nuit,
Quand chiens et loups s'affairent
À chasser le jour qui faiblit.

Me serrer contre ton épaule,
Pour ne pas frissonner,
Que la vie est dure et drôle,
Sourire, pour ne pas pleurer.

Regarder l'eau doucement emporter,
Les bouts de nos vies qui s'étirent,
Les voir un instant flotter,
Avant que la mer ne les aspire,
Vers d'autres îles plus ensoleillées.

Mais ce soir, respirons l'humidité
Des mousses et des fougères,
Chassons toute animosité

Inventons-nous une âme légère,
Passons ce cap, réinventent nous,
Et profitons de ce soir, entre chiens et loups.

Les mots

Ta bouche à prononcé
Les mots tant attendus,
Avec douceur, ils ont caressé
Mon cœur d'amour éperdu.

Tu m'as dit, en souriant
Me prenant la main dans la tienne,
Que je suis pour toi important,
Que tu es fière d'être mienne.
Puis, penchant ta tête pour m'embrasser,
Dans un souffle doux et parfumé,
J'ai entendu : « je t'aime pour l'éternité ».

Je devrais m'arrêter là,
Mais j'ai tellement envie de parler,
De ce bonheur à l'intérieur de moi,
J'en ai même envie de le crier !

Petite plume fragile,
Au cœur d'ouate et d'acier,

Petite femme gracile
Créé pour me réinventer,
Qu'il m'est doux de regarder
Ta bouche aux lèvres rosées,
Qui prononce ces mots enrubannés.

Hier et maintenant

Tu as 15 ans et beaucoup d'amis,
L'insouciance et la vitalité de ton âge,
Tout est facile et te souris,
Non, tu ne tomberas pas en esclavage.

Tu as 20 ans. Dans tes bras,
Un petit paquet blanc.
C'est ton karma,
Tu n'es pas tombée en esclave,
Tu es seulement maman.

Tu as 40 ans,
Tu profites de tes parents,
Ces rocs, ces piliers,
Devenus si dépendants,
Accrochés à toi comme à une bouée.
Et pourtant…. ce sont eux qui te font flotter.

50 ans, autour de toi de nouveaux enfants,
Cadeaux de tes petits turbulents.

Ils t'appellent Manou,
Tu es devenue le pilier,
Et tu ris de leur manière d'exister,
Bien plus que pour les tiens, tu ne le faisais.

60ans, tu as toujours su dire je t'aime,
Tu le dis juste plus souvent.
À l'autre, à la fleur de printemps,
Aux hommes et à la planète
Et aussi à tous ces autres gens
Que l'on dit « différents ».

Mais où sont passées les années ?
C'est la question qu'avec l'âge,
Nous avons pris l'habitude de poser.
Mais avec calme, nous sommes devenus sages,
Et avons conscience d'avoir existé.

L'été s'est envolé

Le vent souffle sur les toits vieillis,
Secoue les rames des hauts platanes,
Siffle sous les tuiles où il se réfugie,
Arrache les feuilles, les enrubanne,
Les pousse vers les sombres nuages,
En spirales, en troupeaux ébahis,
Balaie tout sur son passage :
Ce mois de juillet n'a pas d'âge.

L'hiver que l'on croyait parti
S'accroche et perdure,
Laissant peu de place au soleil son ami,
Le malmenant, lui faisant la vie dure.

Les fleurs aux jardins
Ont peine à éclore,
Les senteurs de la lavande, du romarin,
Dans ces bourrasques s'évaporent.
L'oiseau sur le fil perché
Ébouriffe ses plumes pour se réchauffer,

L'air est humide et frais,
Les rues sont vides de leurs passants pressés.

Mélancolie, vague à l'âme sont dans les cœurs,
L'Univers est au ralenti,
L'homme manque d'ardeur.
Cet été qui n'est pas né est déjà parti.

L'homme accomplit sa tâche
Mécaniquement et sans relâche,
Sans engouement, sans la flamme
Sans la chaleur qui d'ordinaire l'enflamme.

Le vieillard ne sortira pas sur son banc,
La lumière n'est pas d'or, mais d'argent,
Il est trop fragile, trop seul
Pour affronter la tornade, pauvre aïeul.

Derrière les carreaux de la vitre
De petits nez s'écrasent,
Contemplant le spectacle sinistre,
Attendant l'astre qui embrase,
Absorbés par le balai du vent, grand artiste,
Qui a fait s'envoler le chaud été,
Par-delà notre région d'ordinaire surchauffée.

Instant de grâce

Dans l'herbe haute et grasse
La sauterelle saute de fleurs en herbes
Et l'enfant court sur sa trace
Bras en l'air, rire en gerbe.

Par cette course, épuisé
Il se laisse lourdement tomber
Sur ces mousses et gazons fleuris
Dans un rayon de soleil, sur lui, alangui.

Il halète, feint l'épuisement,
Se redresse et repart,
Ouvre ses mains dans le vent,
Pour attraper ces joyeux instants.

Les grelots de ses rires à nouveau
raisonnent
Dans cette campagne parfumée.
Puis il voit la couronne
Que maman pour lui a tressée.

Alors, comme un chaton ronronnant,
Il l'enlace et, calinement,
Et se tremoussant dit :
« eu tème maman »

La dame

En la regardant de loin, la dame,
Aux escarpins frôlant le macadam,
Qui marchait en front de mer,
À l'ombre de la tamarissière,
On la pensait épanouie et légère.

Sa longue robe blanche
Parsemée de pervenches,
Flottait dans l'air marin.
Parfois, elle portait la main
Devant ses yeux plissés,
Pour voir l'horizon, au loin,
Ou peut-être chasser ses pensées.

Puis elle reprenait son pas,
Long, mesuré et racé.
Je pouvais rester longtemps
Dissimulé, à la contempler.

Ces va et viens répétés,
Étaient mon passe-temps,

Un petit air frais en supplément,
De celui de la mer aux embruns iodés.

Puis, quand le soleil mordait
Au travers des tamaris,
Elle ouvrait son ombrelle,
Sur sa tête, tendre volubilis,
Assortie aux fleurs de sa robe flanelle.

Cet instant indiquait son départ.
Je la suivais alors du regard,
Jusqu'à ce qu'elle disparaisse,
Jusqu'à ce qu'elle me laisse,
Comme elle l'avait fait plus tôt,
Avec sur l'eau, ce minuscule bateau.

Les éphélides

La lune a donné
Sa couleur de lait,
À ta peau diaphane.
Et le cosmos, pour l'éclairer,
Y a jeté une belle poignée
De jeunes étoiles safranes.

Dès que le soleil touche ta joue,
Les éphélides surgissent,
Et réussissent le pari fou,
De te hâler, presque métis.

En fait, ton doux visage
N'est que le mariage,
De la lune et du soleil,
Dilués, pour créer ces tâches de miel.

Le coup de foudre

C'est dans une ruelle claire
Que, sur l'autre trottoir, je t'ai vu.
Je flânais, portée par mon humeur légère,
Face à moi, tu marchais, d'un pas soutenu.

L'espace de quelques secondes,
Nos regards se sont croisés.
Mon cœur s'est arrêté de taper,
La terre n'était plus ronde,
Sentiments de surprise et d'intérêt mêlés.

Et chose rare, que l'on ne rencontre qu'une fois,
J'ai lu, dans ton regard droit,
Que quelque chose, peut-être un fracas,
Résonnait aussi en toi.

Nous nous sommes frôlés,
Juste les avant-bras.
Puis, trois pas plus tard,
Nous nous sommes retournés,
Avec cette sensation bizarre

De laisser quelque chose s'échapper.

Alors je me suis arrêtée.
Tu en as fait tout autant.
Nous nous sentions attirés
Par un magnétique aimant.
Et parce que tout ne s'explique pas,
Nous nous sommes retrouvés, sous cet acacia.

Tu m'as proposé un verre,
Dans le bar juste à côté.
J'ai accepté, heureuse et fière,
Que tu m'es, toi aussi, remarquée.

Sur la terrasse ombragée,
Nous avons échangé,
Sans parler de nos vies,
Comme si hier on s'était quittés,
Comme déjà de bons amis.

Je suis redevenue fillette enjouée,
Je ne me reconnaissais pas,
Tellement rieuse, à parler de cette ville-là.
Tu étais souriant et charmeur,
Élancé, humain et racé,

Tout ce que j'avais jusque-là espéré.
Et tous deux de bonne humeur,
On n'a plus fait attention à l'heure.

Nous nous sommes quittés heureux.
De sa plus belle flèche, Eros avait frappé
Balayant les nuages des cieux,
Il traçait notre destiné.

Car nous l'avions souhaité,
Nous allions laisser le temps œuvrer,
Prendre ensemble le chemin,
Parler de lendemains,
Se perdre dans notre romance,
Effacer solitude et silence
Vivre ce coup de foudre
Et nos âmes, délicatement, recoudre.

Amour

Délicatesse d'une main aimante,
Faite pour caresser,
Qui doucement glisse sur la pente,
D'un dos à la peau nacrée.

Instants de libre abandon
Dans la tiédeur d'un soir d'été,
Où de soi on fait le don,
Sous une lumière tamisée.

Bougies parfumées qui vacillent,
Et projettent les dessins de l'amour,
Ombres chinoises qui s'éparpillent,
Jusque sur le tapis de velours.

Musique en sourdine,
Pour s'unir dans ce paradis.
Écouter les comptines
Suite de mots inédits,
Que l'amour inspire
Et que pour l'autre, on ressent,
Faire que le temps s'étire,

Et se susurrer qu'on s'aime tant.

Étreinte qui amplifie et resserre
Le lien des amants,
Amis et frères sur la terre,
Ames sœurs dans leurs épanchements.

Puis regarder la lune,
Seul témoin du moment d'intimité,
Se dire que deux personnes font une
Puisqu'on s'est lié jusqu'à l'éternité.

Qui ne songe

Qui ne songe
Au cœur à aimer,
Le soir, quand il s'allonge
Seul dans l'obscurité ?

Qui n'invente
Ces mains douces,
Qui caressent, lentes
Les plus secrètes des voûtes ?

Qui n'espère
Ces mots prononcés,
Qui enveloppent et enserrent
Dans un bonheur doré ?

Qui ne rêve
De vivre une trêve
Dans cette mélancolie ?
Solitude et oubli
Serait-ce seulement ça la vie ?

Mais vivre, malgré tout,
Ne pas devenir fou,
Vivre pour ce moment,
Magique et majestueux,
Où, défiant le temps
On se retrouve enfin deux.

Allo ? De roses

Allo ! M'entendez-vous ?
Je viens vous parler de roses,
Je veux sortir de ce monde fou,
Au moins le temps d'une prose.
Ne plus me briser contre les écueils,
Au moins le temps d'un recueil.
Je veux croire que tout le monde s'aime,
Au moins le temps de ces poèmes.

Je veux des mots désuets,
Qui parlent tendrement,
De ceux qui font du bien,
De ceux qui réchauffent.
Je veux croire qu'il n'y a qu'un chemin,
Celui exempt de méchancetés et catastrophes.

Et me laisser glisser
Sur l'océan des possibles,
Et me laisser emporter
Par mon âme sensible,
Et vous emporter avec moi.

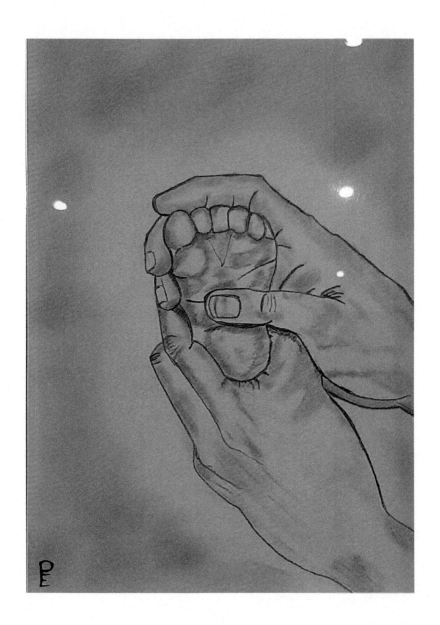

Ma fille

J'ai été conquis dès le peau à peau.
Petit être sur ma poitrine blotti,
Sentiments confus, méli-mélo,
Dans mon cœur, déjà conquis.

Mes deux mains réunies
Forment ton berceau
Tu es la légère plume de ma vie,
Je suis fort et lourd comme un taureau.

Dans ma tête, tout se bouscule,
En une seule minute, ma vie bascule.
Me voilà plus fragile que le roseau,
Quand ton petit doigt serre mon index,
Je t'invente de drôles de mots,
Qui me laissent perplexe.
Moi qui me prenais pour un titan,
Voilà ma force réduite à néant.

À chacun de tes pas
Je mettrai sous tes pieds

Un chemin de fleurs colorées,
Pour que ta vie soit douce et parfumée.

Je serai ton rempart, ton armure,
Pour que la vie ne te soit pas dure.
Je serai ta colossale et imposante tour,
Celle où il te plaira de te réfugier,
Je veillerai, de près de loin, toujours,
Pour que rien ne te manque, mon bébé.

Je sais que de moi, déjà, les autres s'amusent,
Devant les promesses que je ne cesse de
formuler,
À ma petite fille, ma princesse et ma muse,
Que moi, simple bonhomme, j'ai réussi à créer.

La vigne

La vigne a la couleur du sang
Et brûle de tous ses feux,
Comme mon cœur aimant
S'embrase pour ton être délicieux.

Si elle jette à tous les yeux
Ses rouges et orangés de fin d'été,
À l'abri des regards curieux,
Mon intérieur se consume pour mon adorée.

Depuis longtemps le raisin a été ramassé.
Seuls quelques grapillons restent accrochés,
À ces ceps vigoureux et torturés.
Comme eux, avec force, je m'agrippe
À l'espoir de te mener jusqu'à l'autel,
Du lover, je suis l'archétype,
Sentimental et romantique éternel.

Me jeter à l'eau et te presser,
Alors que tu te prélasses dans la vie ?
Te bousculer, petite fille alanguie,
Aux derniers rayons prodigués
Par l'astre dont la chaleur exquise,
Me conseille de patienter ?

J'écoute le message de la nature
Qui se met au ralenti,
Me satisfais de notre aventure,
Pour laisser passer le temps qui écrit.
Avec le rouge de nos veines,

Sur ses murs, notre inédit.

Et dans ce paysage d'automne,
Damier de couleurs entrelacées,
Regarder la vigne recracher,
Dans l'air devenu atone,
La chaleur de son coteau calciné.

Le grain de beauté

Grains de poivre noir délicats,
Comme jetés sur ta peau claire,
Petits dômes que parfois l'on aperçoit,
Là, pour la mettre en lumière.

Lorsque s'ouvre le col de ton corsage,
De ton cou, tout à coup, changeant le paysage,
Ces petits cachous,
Me conduisent au naufrage.

Comme l'anisée réglisse
Dont ils me rappellent la couleur,
Le soir je les cherche et je glisse,
Dans un dédale enchanteur.

De points en sites discrets,
Tes grains de beauté me guident,
Vers ces trésors insoupçonnés,
Qui me comblent et m'intimident.

Parfois

Parfois....
Je voudrais que tu m'aimes
Comme dans la jeunesse.
Avec fougue, sur un air bohème,
Avec euphorie et liesse.

Parfois....
Je voudrais que tu m'aimes
Avec ce regard profond,
Celui que tu parsèmes,
Devant les flamboyants horizons.

Parfois....
Je voudrais que tu m'aimes
En oubliant d'être raisonnable,
Intensément, jusqu'au blasphème,
Sous une pluie de cymbales.

Parfois....
Je voudrais que tu m'aimes

Passionné et fiévreux,
Que tu inventes des stratagèmes,
Comme font les amoureux.

Parfois....
Je voudrais que tu m'aimes
Comme si on mourrait demain.
Savoir qu'on sort du système,
Serrés, main dans la main.

Mais c'est quand, silencieux,
Nous regardons ensemble la lune,
Que l'on s'aime le mieux,

L'eau

Claire et limpide,
L'eau ruisselle sur le rocher.
On la dit insipide,
Pourtant on aime s'en désaltérer.
Ruissellement infime
Au bruissement mélodieux,
L'eau, cette amie, notre intime,
Devient notre or bleu.

Sans elle, point de vie,
De fleurs aucunes,
Le long des ruisseaux,
Plus d'ancolies ni de hautes orties,
Plus de reflets de la lune,
Ni de vent dans les roseaux.
Sans elle, tout s'assèche, jusqu'à la terre
Aux plaques d'argile craquelées.
Elles deviennent nos déserts,
L'univers déshydraté
Est prêt à s'embraser.

Aussi, je regarde cette source,
Eau claire et limpide
Qui jaillit du rocher.
Et devant sa course
Entre les mousse, timide,
Je suis subjuguée.

Devant moi, la vie,
Sous mes yeux l'eau,
Sans qui l'homme ne survit,
Et qui rend tout possible et beau.

L'automne de la vie

Encore un jour qui se lève,
Sur ma mélancolie renouvelée.
Les heures s'étirent, je ressasse,
Ces années qui furent si folles,
Je suis seul, je m'angoisse,
Je ne suis plus que flammerole.

Ce qui encore éclaire mes yeux,
Ce sont ces souvenirs lointains,
Ces paysages de prairies ou montagneux,
Ces personnages qui faisaient mon quotidien.
Ma mère et ses longs cheveux,
Qu'elle tressait tous les matins,
Coupant et beurrant les tartines,
Tranches de bon pain,
Dont l'odeur arrive encore à mes narines.

C'est Pilou, mon gentil chien
Agité et frétillant, lorsque je rentrais le soir,
Si pressé pour le calin,
Qu'il ne me laissait pas m'assoir.

C'est cette femme, qui m'a accompagné,
Sourire et douceur personnifiés,
Qui savait sans que je ne parle,
Si tout s'était bien passé.
C'est sa façon de m'appeler « Charles »,
Et la tendresse dont elle m'entourait.

C'est ces bambins qui courraient
Dans toute la maison,
Et que j'entends s'interpeller
Dans ce vide, sans dimension,
Où le silence s'est installé.

Qu'il est mélancolique le soir de notre vie,
Nostalgique de l'allégorie que nous avons choisi.
Mais il est calme et serein,
Cet automne de notre existence,
Nous avons profité, c'est certain,
Nous sommes devenus patience.

Désillusion

J'avais mis sous tes pieds délicats,
Un parterre de pétales de rosée,
Qui te menait jusqu'à moi,
Et te faisait maître de mes pensées.

J'avais inventé pour toi des histoires,
De celles qui donnent envie de croire,
Qui parlent d'amour et de protection,
De tendresse et de déraison.

J'avais appris des chansons,
Aux mélodies rares,
Sur fond de cithare
Pour nos esprits, une évasion.

Je parlais de toi aux arbres,
Au vent et à la mer,
Racontait tes cheveux couleur de la martre,
Et ton rire léger et clair.

Je gardais comme un secret
La caresse de tes mains fines,
De ta bouche le velouté,
Et ta silhouette divine.

Mais la vie est cruelle parfois.
Je t'aimais pour deux,
Et même pour trois,
Tu as choisi d'aller vers ailleurs,
Que te dire ? Je te souhaite le meilleur,
Malgré cette énorme douleur,
Qui m'empêche de respirer.
Je te laisse donc aller,
Une princesse m'attend quelque part,
Je saigne mais m'accroche,
Ça s'appelle l'espoir.

Le sortilège

Comment te décrirais-je,
Si je trouvais les mots ?
Je suis sous le sortilège,
De tes atours jouvenceaux.

Ta grâce innée autour de toi
Répand le calme absolu,
Tes gestes, ton minois
Rassurent les âmes perdues.

Ton aura de bonté éclabousse
Jusqu'au solitaire gueux.
Ton sourire me pousse
À découvrir d'autres cieux.

Ton haleine est si fraîche,
Quand tu prononces des mots doux,
Que comme une caresse, elle m'empêche,
D'oublier du paradis, le goût.

Tes mains qui expliquent
Et tes yeux ensorceleurs,

Me font poète bucolique
Et m'attachent, esclave de ton cœur.

Et étourdi par ce merveilleux manège,
Je m'accroche à ce sortilège.

L'amitié

Qu'est-ce ce sentiment étrange
Que l'on nomme amitié ?
Ce curieux et doux mélange
De présence et d'intérêt ?
On se salue, on se parle, on se plaît,
Démarre ensuite un bout de chemin partagé.

Je l'ai rencontré maintes fois,
Sur le chemin de ma vie,
Parfois, j'ai cru le reconnaître,
Je me trompais, il a fui.
Il faut, pour que naisse l'amitié,
Que l'on soit patient et discret,
Que l'on ait envie d'un moment ensemble,
Avec celui, qui un peu nous ressemble.
Peu à peu ce lien se renforce,
On devient confidents,
La présence de l'autre est une force,
Dont on se passe difficilement.

Qu'il est doux de pouvoir partager,
Un moment avec un ami,
Dont le lien traverse les années,
Et nous égaye et nous enrichit.

Car l'amitié ne peut vivre
Que si elle est sincère,
Sinon, tout comme le givre,
Elle se glace et ne survie.

Les liens du sang

Parce que je suis rattachée à toi, ma sœur,
Par ce père et cette mère chéris,
Parce que tu as mis tout ton cœur,
Pour m'élever et faire qui je suis.
Parce que tu as mis ton adolescence,
Au service de cet enfant,
Parce que tu avais conscience,
Qu'aimer est important,

Je bénis les liens du sang

Pour avoir, épouse aimante,
Continué à veiller sur moi,
Surveillant que je ne sois pas sur la mauvaise
pente,
Me grondant quelquefois,
Mais toujours là, présente
Quoiqu'il advienne, quoiqu'il en soit,

Je bénis les liens du sang

Parce que tu as aimé mes enfants comme les tiens,
Pour les partages de nos vies,
Pour les piques niques avec presque rien,
Pour les violettes cueillies,
Pour les soirées sur le sable fin,

Je bénis les liens du sang

La vie est une roue qui tourne,
Régulièrement, inlassablement.
Elle apporte l'âge et ses désagréments,
Alors sur ces années je me retourne..

Tu peux te reposer sur ces liens du sang

<u>Du même auteur</u> :

- Une plume pour des rêves

- Rirenrimes

- Mon village des Monts d'Orb – Graissessac hier et aujourd'hui.

Printed in Great Britain
by Amazon